Collins

Happy Handwriting

Foundation Practice Book

Series Editor: Dr Jane Medwell
Author: Stephanie Austwick

William Collins' dream of knowledge for all began with the publication of his first book in 1819. A self-educated mill worker, he not only enriched millions of lives, but also founded a flourishing publishing house. Today, staying true to this spirit, Collins books are packed with inspiration, innovation and practical expertise.

They place you at the centre of a world of possibility and give you exactly what you need to explore it.

Collins. Freedom to teach.

Published by Collins
An imprint of HarperCollins*Publishers*
The News Building, 1 London Bridge Street, London, SE1 9GF, UK

HarperCollins*Publishers*
Macken House, 39/40 Mayor Street Upper, Dublin 1, D01 C9W8, Ireland

> **Browse the complete Collins catalogue at
> collins.co.uk**

© HarperCollins*Publishers* Limited 2021

10 9 8 7 6 5 4 3

ISBN 978-0-00-848579-5

All rights reserved. No part of this publication may be reproduced, stored in a retrieval system, or transmitted in any form by any means, electronic, mechanical, photocopying, recording or otherwise, without the prior written permission of the Publisher or a licence permitting restricted copying in the United Kingdom issued by the Copyright Licensing Agency Ltd, 5th Floor, Shackleton House, 4 Battle Bridge Lane, London SE1 2HX.

British Library Cataloguing-in-Publication Data
A catalogue record for this publication is available from the British Library.

Series Editor: Dr Jane Medwell
Author: Stephanie Austwick
Specialist reviewer: Dr Mellissa Prunty
Publisher: Lizzie Catford
Product manager: Sarah Thomas
Project manager: Jayne Jarvis
Development editor: Jane Cotter
Copyeditor: Jilly Hunt
Proofreader: Abbie Rushton
Cover and internal design and icons: Sarah-Leigh Wills at Happydesigner
Cover artwork: Jouve India Pvt. Ltd.
Illustrations: Jouve India Pvt. Ltd.
Typesetter: Jouve India Pvt. Ltd.
Production controller: Alhady Ali

Printed in India by Multivista Global Pvt. Ltd.

This book contains FSC™ certified paper and other controlled sources to ensure responsible forest management.

For more information visit: www.harpercollins.co.uk/green

Rainbow Write

Write Over

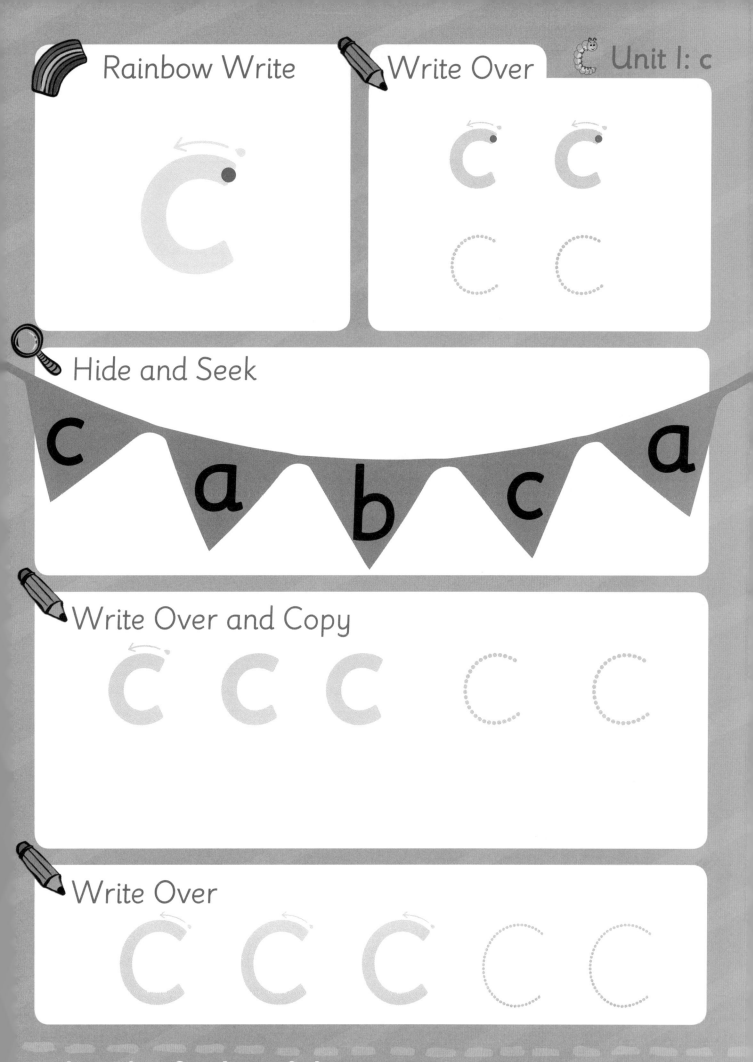

Hide and Seek

c a b c a

Write Over and Copy

Write Over

a b c d e f g h i j k l m n o p q r s t u v w x y z

Rainbow Write

 Write Over

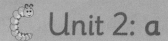

Hide and Seek

Write Over and Copy

Write Over

a b c d e f g h i j k l m n o p q r s t u v w x y z

 Rainbow Write 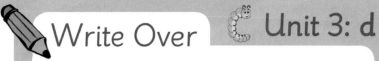 Write Over  Unit 3: d

 Hide and Seek

dot   bed   did   red

Write Over and Copy

d d d d d

Write Over

D D D D D

a b c **d** e f g h i j k l m n o p q r s t u v w x y z

Rainbow Write

 ## Write Over — Unit 4: g

 ## Hide and Seek

gap   bag   dig   log

Write Over and Copy

g g g

Write Over

G G

a b c d e f **g** h i j k l m n o p q r s t u v w x y z

Rainbow Write

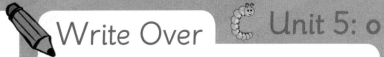

Write Over

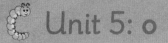

Hide and Seek

dog   log   on   hop

Write Over and Copy

Write Over

a b c d e f g h i j k l m n o p q r s t u v w x y z

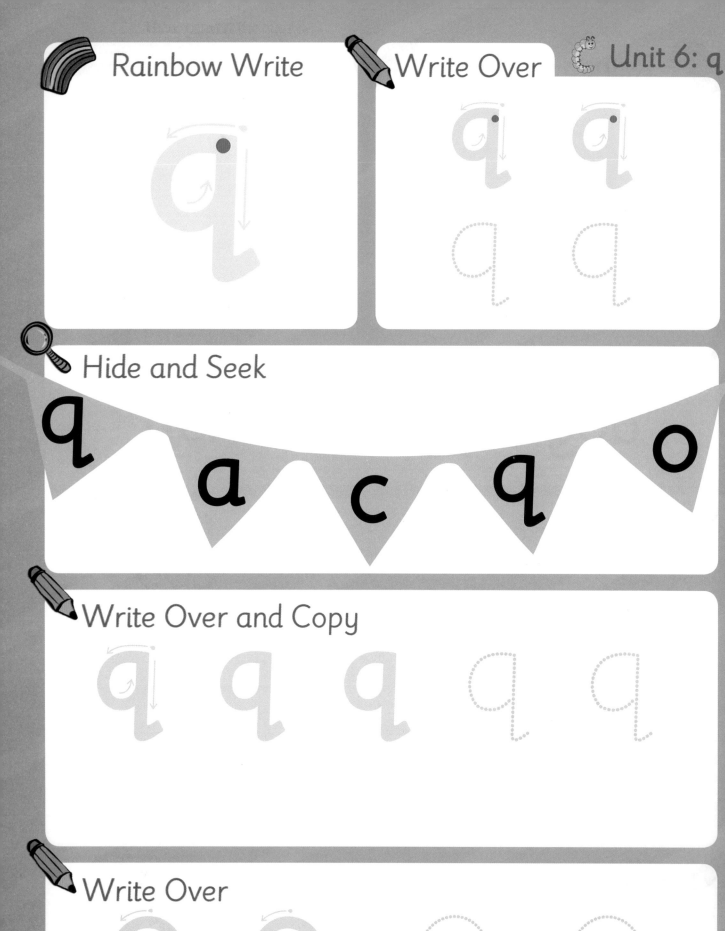

Rainbow Write

Write Over

Hide and Seek

q a c q o

Write Over and Copy

Write Over

a b c d e f g h i j k l m n o p q r s t u v w x y z

Rainbow Write

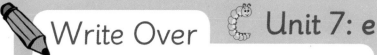 Write Over Unit 7: e

 Hide and Seek

bed   red   pet   net

 Write Over and Copy

Write Over

a b c d e f g h i j k l m n o p q r s t u v w x y z

Rainbow Write

 ## Write Over

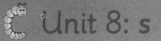

 ## Hide and Seek

 ## Write Over and Copy

 ## Write Over

a b c d e f g h i j k l m n o p q r s t u v w x y z

Rainbow Write

Write Over

Hide and Seek

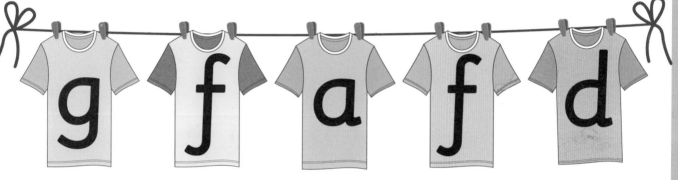

g f a f d

Write Over and Copy

Write Over

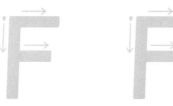

F F F F

a b c d e f g h i j k l m n o p q r s t u v w x y z

 Letter Bingo

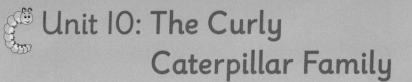

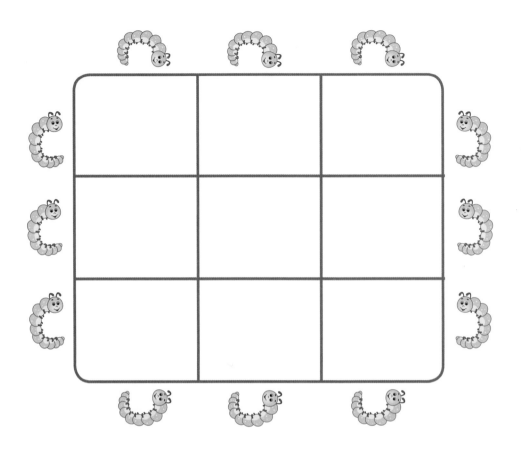

 Write Over

C A D G O

Q E S F

abcdefghijklmnopqrstuvwxyz

Rainbow Write

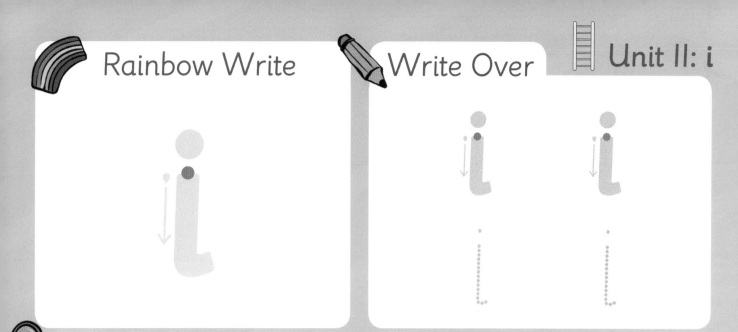

Write Over

Hide and Seek

big   tin   did   lick

Write Over and Copy

Write Over

Rainbow Write

Write Over

Hide and Seek

f l d l i

Write Over and Copy

Write Over

a b ■ d e f ■ h i j k l m n o p q r ■ ■ t u v w x y z

 Rainbow Write

Write Over

Hide and Seek

got   tell   lit   hat

Write Over and Copy

t t t t t

Write Over

T T T T

a b c ■ e f g h i j k l m n o p ■ r ■ t u v w x y z

Rainbow Write  Write Over 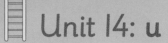 Unit 14: u

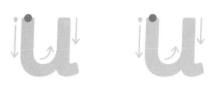

Hide and Seek

Write Over and Copy

Write Over

a b c d e f g h i j k l m n o p q r s t u v w x y z

Rainbow Write

 ## Write Over — Unit 15: y

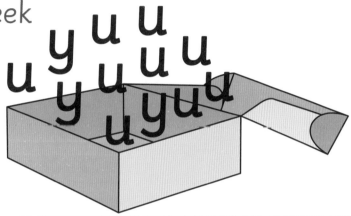 ## Hide and Seek

Write Over and Copy

Write Over

a b c d e ■ g h i j k ■ m n ■ p q r s t u v w x y z

Rainbow Write

Write Over

Hide and Seek

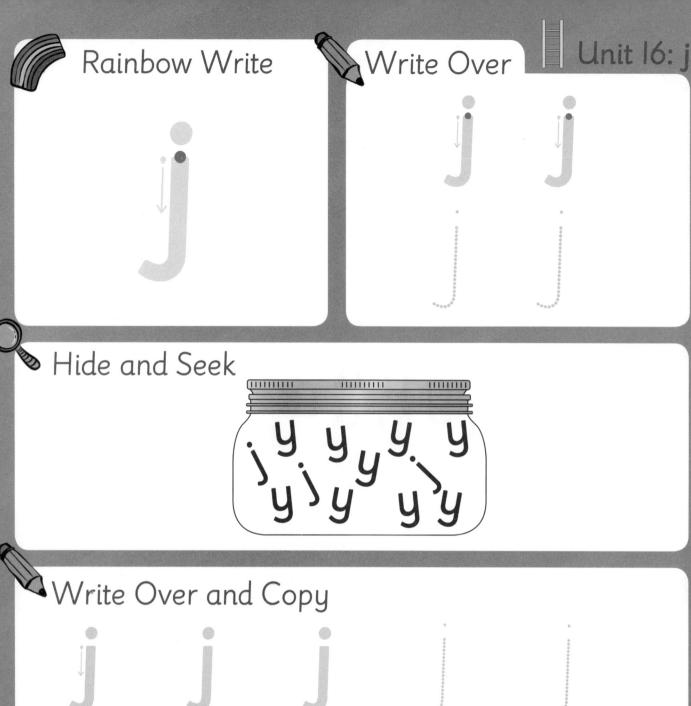

Write Over and Copy

Write Over

abcdefgh ijklmnopqrst uvwxyz

Rainbow Write

Write Over

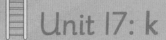

Hide and Seek

Write Over and Copy

 k k

Write Over

b c d e f g h i j k l m n o p q r s u v w x z

 # Word Bingo

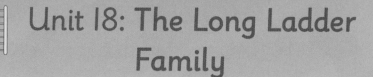

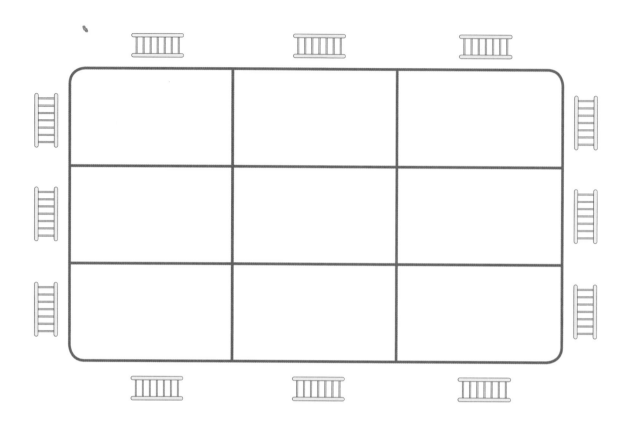

Write Over

I L T U

Y J K

a b c d e f g h i ▪ ▪ l m n o p q r s t ▪ v w x y z

Rainbow Write

Write Over

Hide and Seek

red   run   tar   her

Write Over and Copy

Write Over

a b c d ■ f g h i ■ k l m n o p q r s t u v w x ■ z

21

Rainbow Write

Write Over

Hide and Seek

Write Over and Copy

n n n n n

Write Over

N N N N N

abcdefghijk■■m n ■pq■stuvwxyz

22

Rainbow Write

Write Over

Hide and Seek

r n r n m r m r

n r m r n m r

Write Over and Copy

m m m m m m

Write Over

M M M M M

Rainbow Write

 Write Over

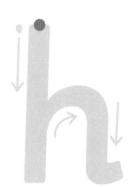

Hide and Seek

n h n
h h
n h

Write Over and Copy

h h h h h h

Write Over

a b c d e f g **h** i j k l ▪ ▪ o p q ▪ s t u v w x y z

Rainbow Write

Write Over

Fill the Gaps

_ig   _and   _ug

ca_   cri_   cra_

Write Over and Copy

b   b   b   b   b

Write Over

B   B   B   B   B

a b c d e f g ■ i j k l ■ ■ o p q r s t u v w x y z

Rainbow Write

Write Over

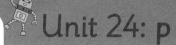

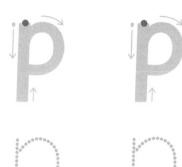

Fill the Gaps

_at   ho__ing   ca_

dri_   sho_   _et

Write Over and Copy

Write Over

a▢c d e f g▢i j k l m▢o p q r s t u v w x y z

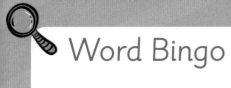

Word Bingo

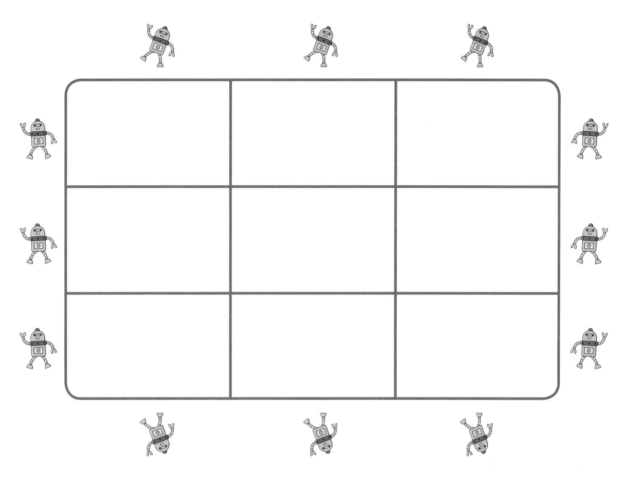

Write Over

R   N   M

H   B   P

a ▢ c d e f g ▢ i j k l m n o ▢ q r s t u v w x y z

 Rainbow Write

 Write Over 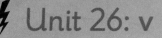 Unit 26: v

Hide and Seek

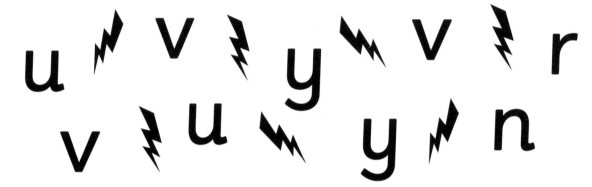

u v y v r
v u y y n

Write Over and Copy

Write Over

a ▢ c d e f g h i j k l m n o ▢ q ▢ s t u v w x y z

Rainbow Write

Write Over

Hide and Seek

Write Over and Copy

Write Over

a b c d e ■ g h i j k ■ m n o p q r s ■ u v **w** x y z

Rainbow Write

Write Over

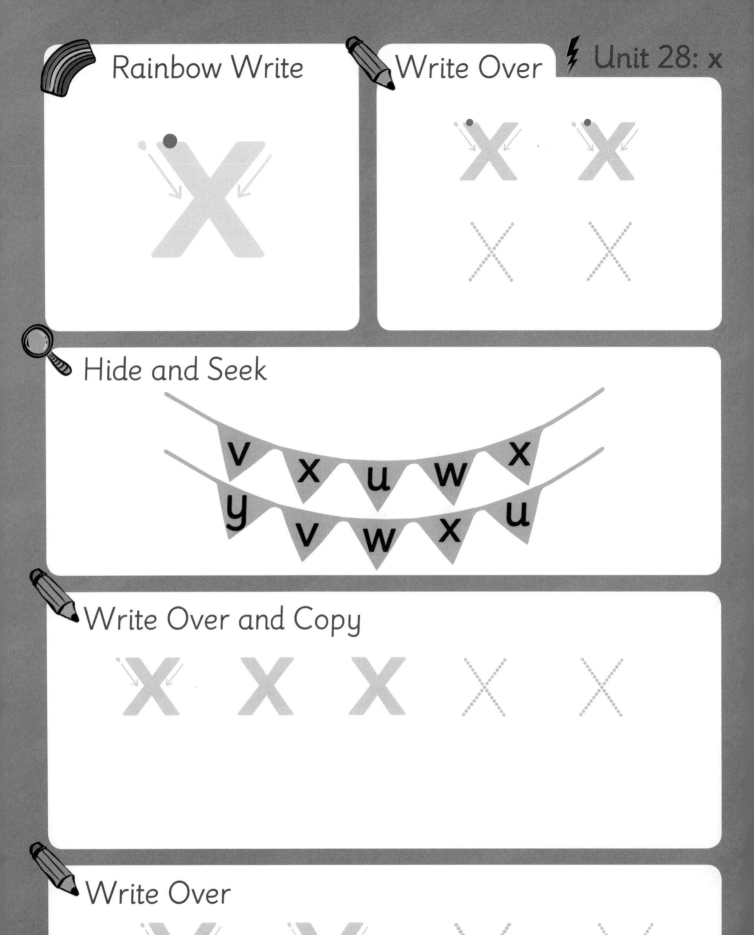

Hide and Seek

Write Over and Copy

Write Over

Rainbow Write  Write Over

Hide and Seek

u z y v
z y v z
u y w z

Write Over and Copy

z z z z z

Write Over

z z z z

a b c d e f g h i j k l m n o p q r s t u □ □ □ y z

🔍 Word Bingo

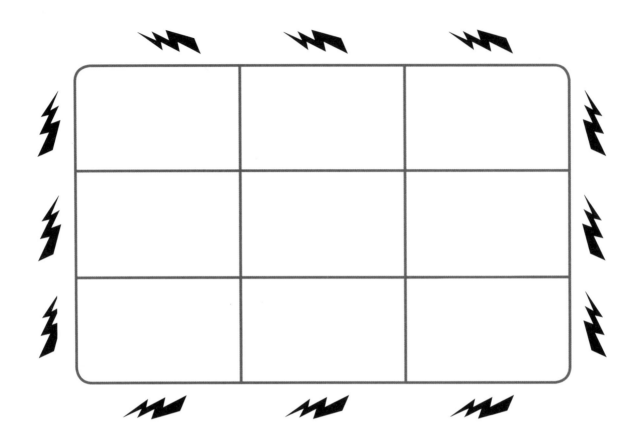

🔍 Hide and Seek

J M O A X V F
D
K Q E B Z C I U
P W N H G L
R T S Y

a b c d e f g h i j k l m n o p q r s t u ☐ w ☐ y ☐